# MIRKO REEH
## Schnell gekocht!

# Inhalt:

Seite 5: Liebe Freunde der schnellen Küche,...
Seite 6: Fond

## Schnell aufs Brot
Seite 10: Mirkos neue Brote
Seite 12: Baguette
Seite 13: Selbstgemachter Frischkäse
Seite 16: Paprika – Mandel Creme | Zucchini – Erdnuss Creme
Seite 17: Lachs – Apfel Creme | Hering – Birnen Creme
Seite 18: Linsen – Curry Creme | Kichererbsen Creme
Seite 19: Avocado – Thai Chili Creme
Seite 22: Kräuter Butter | Tomaten Butter
Seite 23: Tomaten – Mozzarella Paste
Seite 24: Bruschetta | Crostini

## Schnelle Suppen
Seite 28: Mango – Chili Suppe
Seite 29: Erbsen – Koriander Suppe
Seite 30: Mirkos Kartoffelsuppe
Seite 31: Rote Beete – Kokosmilch Suppe

## Schnell mit Blätterteig
Seite 34: Blätterteig Taschen
Seite 36: Mini Tarte mit Ziegenkäse
Seite 37: Blätterteig Schnecken
Seite 38: Blätterteig Pizza

## Schneller Salat
Seite 41: Dressings für Salat
Seite 44: Schnelle Hühnerbrust für den Salat
Seite 45: Schnelle Garnelen für den Salat
Seite 45: Schneller Fisch für den Salat

## Schnelle Nudeln
Seite 48: Penne mit Lachs und Wodka
Seite 49: Pasta Boeuf Stroganoff
Seite 50: Schwarze Tagliatelle mit Gorgonzola
Seite 51: Safran – Zucchini Spaghetti

## Schnell vegetarisch
Seite 54: Gebackene Paprika mit Cous Cous
Seite 55: Gefüllte Champignons
Seite 56: Kichererbsen Curry
Seite 57: Semmelknödel mit Pilzrahmsauce
Seite 60: Gebackener Limetten – Blumenkohl mit Thai Sauce
Seite 61: Antipasti Pfannkuchen
Seite 62: Tortilla de Verduras
Seite 63: Auberginen mit Tomatensalsa

## Schneller Fisch
Seite 66: Fischfilet im Backpapier mit Schmand Dill Sauce
Seite 67: Gegrillter Fisch nach Cajun Art
Seite 68: Ceviche aus Ecuador
Seite 69: Aal mit Rührei auf geröstetem Pumpernickel
Seite 72: Brokkoli – Fisch Auflauf
Seite 73: Fischfilet mit Orangen und Artischocken in Dillbutter
Seite 74: Mirkos Fischtopf
Seite 75: Fischfilet mit Mandelhaube

## Schnelles Fleisch
Seite 78: Koteletts mit pikanter Sauce
Seite 79: Hessischer Hamburger Royal
Seite 80: Salbei Hackröllchen mit mediterranem Gemüse
Seite 81: Schweinefilet in Cognac Sauce
Seite 84: Frikadelle mit buntem Salat und süßem Dill - Joghurt
Seite 85: Speck – Erbsen Omelett mit Ziegenkäse
Seite 86: Schneller Hase auf Pasta
Seite 87: Orientalische Hackfleischbällchen

## Schnell Süß
Seite 90: Kreolischer Schokoladen – Bananen – Kokoskuchen
Seite 91: Toskanischer Kirsch - Käsekuchen
Seite 92: Himbeertraum im Glas
Seite 93: Mohn – Amaretto Kuchen
Seite 96: Blätterteig Tarte
Seite 97: Blätterteig Schnecke
Seite 98: Süße Blätterteig Taschen

Seite 99: Impressum
Seite 100: weitere Bücher

# Liebe Freunde der schnellen Küche,

ein neues Kochbuch zu schreiben ist immer etwas Besonderes für mich. Es macht Spaß, aber zugleich ist es auch immer schwierig neue Eindrücke zusammen zu bringen, so dass es auf der einen Seite ausgewogen ist und auf der anderen Seite dem Leser beim lesen und stöbern nicht langweilig wird.

In diesem Buch habe ich meine leckeren und schnellen Rezepte zusammen gefasst und darauf aufgepasst, dass es meist schnell geht, spannend ist und vor allem das es schnell auf den Tisch kommt.

Für mich ist Essen immer etwas Besonderes. Ich achte darauf, dass es nicht nur einfach was in den Mund stecken ist, sondern immer ein Erlebnis bleibt, auch wenn die meisten Zutaten bodenständig und überall zu haben sind.

Ich wünsche Ihnen viel Spaß beim ausprobieren und meinem Motto können Sie gerne treu bleiben. Kochen muss keine Sache von Zeit sein, man kann allerdings auch lecker kochen, wenn man keine Zeit hat.

Ausschlaggebend sind die Zutaten und die Zusammenstellung der Produkte.


Herzlichst Ihr

Mirko Reeh

# Fond

Für 3 Liter Fond | Zubereitungsdauer: ca. 90 Minuten

**Zutaten Gemüse Fond:**
2 Karotten
1 Stange Lauch
2 Zwiebeln mit Schale
300 g Knollensellerie
1 Bund glatte oder krause Petersilie
3 Lorbeerblätter
5 g Pfefferkörner
200 ml trocknen Weißwein
3 EL neutrales ÖL
sowie 3 L Wasser

**Zutaten Fleisch Fond:**
Zusätzlich 400 g Knochen mit Mark
oder 400 g Fleischreste

**Zutaten Geflügel Fond:**
Zusätzlich 400 g Geflügelgebeine
oder 400 g Geflügelfleischreste

**Zutaten Fischfond:**
400 g Fischgräten und Fischreste
Wichtig keine Kiemen, keine Innereien,
sonst wird der Fond sauer und sandig.

**Zutaten Wildfond:**
400 g Wildknochen
oder 400 g Wildfleischreste.

**Info Allgemein:** Ein Fond ist die Basis aller Suppen, obgleich ein Gemüsefond oder Fleisch sowie Fisch Fond, alle sind wichtig um Soßen oder Suppen zu produzieren.

**Zubereitung:** Das Gemüse wird grob geschnitten, dann kurz mit dem Öl angebraten. Ist das Gemüse leicht gebräunt kann der Wein hinzugegeben werden. Wichtig hierbei ist das der Wein ca. 2 Minuten richtig kocht, so dass der Alkohol rauskocht.

Wenn Fonds erweitert werden durch Fleisch oder Fisch, werden diese beim Anbraten mit hinzugegeben, damit man ein gutes Brataroma bekommt.

Danach wird mit dem Wasser aufgegossen. Das Ganze sollte bei mittlerer Temperatur ca. 50 bis 60 Minuten köcheln.

Nach der Garzeit kann der Fond abgegossen werden. Um ihn haltbar zu machen, kann der Fond eingeweckt oder eingefroren werden.

**Info Fleischfond:** Wird mit Knochen gearbeitet, sollten diese vorher ca. 45 Minuten bei 180 Grad gebacken werden

**Info Fischfond:** Beim Fischfond müssen sie besonders darauf achten, dass der Fisch, bzw. die Fischreste maximal 30 Minuten mitkochen, da der Fond sonst kippt und sauer wird.

**Anmerkung:** Die Zutaten sind schnell zusammen gestellt und klein geschnitten. Der Fond kann nebenbei kochen. Die beste Methode, um den Fond haltbar zu machen, ist einfrieren.

# Schnelle Basics

## Mirkos neue Brote
Links oben

## Baguette
Rechts oben

## Selbstgemachter Frischkäse
Mitte unten

# Mirkos neue Brote

Für 1 Brot oder 10 bis 12 Brot Brötchen
Zubereitungsdauer: ca. 15 Minuten | Backzeit: ca. 45 Minuten

**Zutaten Grundteig:** 42 g Hefe | 700 g Mehl | 400 ml lauwarmes Wasser
2 TL Salz

**Sowie:**
**Kräutern der Provence:** 6 EL Kräuter der Provence | 50 g Gruyére
50 g getrocknete Tomaten

**Toskanisches Brot:** 100 g getrocknete Tomaten | 50 g Pinienkerne
1 EL Honig | 1 TL Rosmarin | 1 EL frisches Basilikum

**Thaibrot:** 1 EL gehackter Koriander | 100 g gehackte Erdnüsse
1 EL rote Currypaste | 1 EL Honig

**Grüne Soße Brot:** 1 Packung Grüne Soße, fein gehackt | 1 TL Kümmel
2 EL Öl

**Wasabi & Koriander:** 1 EL gehackter Koriander | 1 EL Korianderkörner, zerstoßen | 1 EL Wasabipaste | 2 EL Honig

**Knoblauch & Käse:** 2 Zehen Knoblauch | 200 g geriebenen Cheddar oder Gouda | 2 EL Kräuter der Provence

**Gorgonzola:** 100 g Gorgonzola in Würfeln | 2 EL getrocknete Kräuter

**Dill & Senf:** 2 EL Senf | 1 Bund fein geschnittener Dill

**Kartoffel & Speck:** 100 g gekochte Kartoffeln | 50 g Speck
2 EL getrocknete Kräuter

**Gemüse:** 50 g gewürfelte Paprika | 50 g gewürfelte Zucchini
50 g gewürfelte Karotte | 50 g gewürfelter Gouda
2 EL getrocknete Kräuter

**Karotte Kürbiskern:** 200 g fein geriebene Karotten
100 g zerstoßene Kürbiskerne | 2 EL Kürbiskernöl

**Rote Bete Brot:** Statt dem Wasser wird 400 ml rote Bete Saft genommen
100 g gekochte Rote Bete in Würfel | 50 g Walnüsse | 2 TL Fenchelsamen
1 TL geriebener Ingwer

**Fenchel & Kümmel:** 2 EL klassischer Kümmel | 2 EL Fenchelsamen, beide
geröstet in einer trockenen Pfanne

**Speck & Zwiebeln:** 100 g Speck | 1 Zwiebel, klein geschnitten | 1 Paprika
2 EL Kräuter

**Handkäs und Kümmel:** 100 g Handkäs | 1/2 TL Kümmel
2 EL glatte Petersilie

**Zwiebeln & Käse:** 100 g geröstete Zwiebel | 100 g Gouda in kleinen Würfeln

**Zubereitung:** Zutaten klein schneiden und hacken. Die Hefe im lauwarmen Wasser auflösen unter das Mehl heben und gut verkneten. Dann alle restlichen Zutaten hinzugeben und nochmals sehr gut verkneten. Den Brotteig ausrollen oder zu Brötchen formen, auf ein Backblech mit Backpapier oder Silikonmatte geben. Dann 30 Minuten bei 50 Grad Umluft ruhen lassen. Backofen auf 180 Grad aufheizen und ca. 40 bis 45 Minuten backen.

**Anmerkung:** Brot selber backen hat nichts mit schneller Küche zu tun. Ich finde es ist einfach leckerer, und es macht Spaß immer mal wieder etwas auszuprobieren. Letzt endlich geht es doch einigermaßen schnell!

# Baguette

Für 3 Baguettes
Zubereitungsdauer: ca. 20 Minuten | Backzeit: ca. 25 Minuten

**Zutaten Frischkäse:**
650 g Mehl
1 TL Zucker
42 g frische Hefe
1 TL Salz
450 ml Wasser

**Sowie:**
Mehl zum Kneten
100 ml Salzwasser

**Zubereitung:** Mehl in eine tiefe Schüssel geben, dann die Hefe hinzugeben sowie den Zucker. Etwas vom Wasser hinzugeben, knapp verrühren und 15 Minuten ruhen lassen.

Dann unter ständigem Kneten das Salz und das Wasser hinzugeben. Dann wieder 15 Minuten ruhen lassen und nochmals mit etwas Mehl kneten. Ist der Teig noch zu feucht muss er weiter gemehlt werden.

Dann in drei Fladen aufteilen, zu ca. 20 mal 40 cm Stangen rollen, dann mehrfach einritzen. In eine Form oder auf ein Blech geben und mit Salzwasser einpinseln. Bei 220 Grad ca. 20 bis 25 Minuten backen.
Nach 15 Minuten nochmals einpinseln.

**Tipp:** Man kann das Baguette auch gut einfrieren. Zum Revitalisieren wird das Brot im aufgetauten Zustand ca. 10 Minuten bei 180 Grad gebacken.

# Selbstgemachter Frischkäse

Für 4 Personen | Zubereitungsdauer: ca. 15 Minuten

**Zutaten Frischkäse:**
1 Liter frische Vollmilch
1 Zitrone, deren Saft
Salz & Pfeffer

**Variante:**
**Zutaten zum Aromatisieren:**
½ rote Paprika
1 kleine Chilischote
4 Blätter Salbei
2 Zweige Thymian
ca. 200 ml Zitronenöl

**Zubereitung:** Milch zum Kochen bringen, dann den Zitronensaft hinzugeben und noch einmal kochen lassen. Nun trennt sich das Fett von der Molke. Durch ein sehr feines Sieb geben und den Frischkäse auffangen. Auskühlen lassen und mit Pfeffer und Salz würzen.

Zum Aromatisieren Paprika und Chili sehr fein schneiden. Dann den Käse in ein Glas geben und die Kräuter und das Gemüse hinzugeben. Auffüllen mit dem Zitronenöl.

**Anmerkung:** Frischkäse ist Ruck Zuck selbst gemacht, man kann den Frischkäse direkt verwenden oder einlegen wie im Rezept beschrieben. Hier hat man natürlich auch wieder die Qual der Wahl und kann unglaublich viel variieren.

## Schnell aufs Brot

### Paprika - Mandel Creme
Links oben

### Lachs - Apfel Creme
Rechts oben

### Linsen - Curry Creme
Links unten

### Avocado - Thai Chili Creme
Rechts unten

## Paprika - Mandel Creme

Für 4 Personen | Zubereitungsdauer je: 10 Minuten

**Zutaten:**
4 eingelegte Paprika Filets
100 g geröstete, geräucherte Mandeln
50 g geriebenen Parmesan
6 EL Olivenöl
1 Knoblauchzehe

Pfeffer & Salz

**Zubereitung:** Alle Zutaten in einen Pürierbecher geben und fein pürieren. Abschmecken mit Pfeffer und Salz.

Variante
## Zucchini - Erdnuss Creme

**Zutaten:**
4 eingelegte Zucchini
100 g geröstete Erdnüsse
50 g geriebenen Parmesan
6 EL Olivenöl
1 Knoblauchzehe

Pfeffer & Salz

**Zubereitung:** Alle Zutaten in einen Pürierbecher geben und fein pürieren. Abschmecken mit Pfeffer und Salz.

# Lachs - Apfel Creme

Für 4 Personen | Zubereitungsdauer je: 10 Minuten

**Zutaten:**
100 g Frischkäse
100 g geräucherten Lachs
1 Apfel
1 EL Schmand oder Sahne Joghurt

Pfeffer & Salz

**Zubereitung:** Frischkäse und Schmand bzw. Sahne Joghurt gut vermengen. Lachs grob hacken. Apfel fein reiben. Alles vermengen und abschmecken mit Salz und Pfeffer.

Variante
# Hering - Birnen Creme

**Zutaten:**
100 g Frischkäse
100 g eingelegter Hering
1 Birne
1 EL Schmand oder Sahne Joghurt

Pfeffer & Salz

**Zutaten:** Frischkäse und Schmand bzw. Sahne Joghurt gut vermengen. Hering grob hacken. Birne fein reiben. Alles vermengen und abschmecken mit Salz und Pfeffer.

# Linsen - Curry Creme

Für 4 Personen | Zubereitungsdauer je: 10 Minuten

**Zutaten:**
100 g gekochte rote oder gelbe Linsen
1 gehäuften EL Curry
1 Frühlingszwiebel
1 EL Frischkäse oder Schmand
1 TL zerstoßener Koriander

Pfeffer & Salz

**Zubereitung:** Die gekochten Linsen mit dem Curry, dem Koriander und dem Frischkäse bzw. Schmand in einen Pürierbecher geben und fein pürieren. Frühlingszwiebel in feine Scheiben schneiden und unter die Masse heben. Abschmecken mit Pfeffer und Salz.

Variante
# Kichererbsen - Raz el Hanout Creme

**Zutaten:**
100 g gekochte Kichererbsen
2 gehäufte EL Raz el Hanout
1 Frühlingszwiebel
1 EL Frischkäse oder Schmand

Pfeffer & Salz

**Zubereitung:** Die gekochten Kichererbsen mit dem Raz el Hanout und dem Frischkäse bzw. Schmand in einen Pürierbecher geben und fein pürieren. Frühlingszwiebel in feine Scheiben schneiden und unter die Masse heben. Abschmecken mit Pfeffer und Salz.

# Avocado - Thai - Chili Creme

Für 4 Personen | Zubereitungsdauer: ca. 10 Minuten

**Zutaten:**
2 Avocados
2 Knoblauchzehen
2 Tomaten
1 Bund Koriander
6 EL Thai-Chili Sauce
1 TL Zucker

Pfeffer & Salz

**Zubereitung:** Die Avocado und die Tomate enthäuten, dann entkernen und mit den restlichen Zutaten in einen Pürierbecher geben und fein pürieren. Mit Pfeffer und Salz abschmecken.

**Kräuter Butter**
Links oben

**Tomate - Mozzarella Paste**
Rechts oben

**Crostini Variationen**
Mitte unten

# Kräuter Butter | Tomaten Butter

Für 4 Personen | Zubereitungsdauer je: 10 Minuten

**Zutaten Kräuterbutter:**
200 g Butter
4 EL klein geschnittene Kräuter nach Wahl
1 TL Salz

**Zutaten Tomatenbutter:**
200 g Butter
80 g Tomatenmark
½ TL Salz
1 Knoblauchzehe

**Zubereitung Kräuterbutter:** Die Butter weich werden lassen, nicht schmelzen und mit den Kräutern und dem Salz gut vermengen.

**Zubereitung Tomatenbutter:** Die Butter weich werden lassen, nicht schmelzen und mit dem Tomatenmark, dem Salz und dem zuvor klein gehackten Knoblauch gut vermengen.

**Mein Tipp:** Grundsätzlich kann für die Butter jedes Kraut oder Gewürz genommen werden, wichtig dabei ist bei Gewürzen auf die Menge von 100 g Butter jeweils 1 EL verwenden und bei Kräutern nicht mehr wie 2 EL verwenden, sonst ist das Ganze überdossiert.

# Tomaten – Mozzarella Paste

Für 4 Personen | Zubereitungsdauer: 10 Minuten

**Zutaten:**
100 g getrocknete Tomaten in Öl
100 g Mozzarella
50 g Pinienkerne oder Sonnenblumenkerne
2 Zweig Basilikum

Pfeffer & Salz

**Zubereitung:** Die getrockneten Tomaten abtropfen lassen und das Öl auffangen. Tomaten und Basilikum klein schneiden, dann mit den restlichen Zutaten sowie dem aufgefangenen Öl in einen Pürierbecher geben und fein pürieren. Abschmecken mit Pfeffer und Salz.

# Bruschetta | Crostini

Für 4 Personen | Zubereitungsdauer: je: 10 Minuten

**Zutaten Brot:**
1 Baguette
6 EL Olivenöl

**Zutaten Tomate – Zwiebel:**
4 Tomaten
1 Zwiebel
1 EL dunklen Balsamico
2 EL Olivenöl
2 Zweige Basilikum

**Zutaten Artischocke – Ziegenkäse:**
8 Artischocken aus dem Glas
200 g Ziegenkäserolle
100 g Parmesan
4 Zweige Thymian

**Zutaten Ricotta – Feige:**
8 frische Feigen
200 g Ricotta
2 EL Honig

**Zutaten Olive – Kapern:**
200 g schwarze Oliven
50 g Kapern
3 Zweige glatte Petersilie
1 Zwiebel
1 Prise Chili

**Sowie:**
Pfeffer & Salz

**Zubereitung Brot:** Das Baguette in Scheiben schneiden und mit dem Olivenöl bepinseln. Im Backofen bei 180 Grad ca. 10 Minuten rösten.

**Tipp:** Anstatt dem Olivenöl können auch andere Öle oder aromatisierte Öle verwendet werden.

Anstatt dem Weißbrot kann auch anderes Brot verwendet werden, z.B. Walnussbrot.

**Zubereitung Tomate – Zwiebel:** Die Tomaten entkernen. Zwiebel und entkernte Tomaten klein schneiden. Basilikum ebenfalls klein schneiden und mit den restlichen Zutaten gut vermengen. Abschmecken mit Pfeffer und Salz. Dann portionsweise auf das geröstete Brot geben.

**Zubereitung Artischocke – Ziegenkäse:** Ziegenkäse in Scheiben schneiden. Artischocken sehr gut abtropfen lassen und halbieren. Das Ganze abwechselnd auf das geröstete Brot verteilen. Thymian und Parmesan darüber streuen und ca. 2 Minuten bei 180 Grad gratinieren.

**Zubereitung Ricotta Feige:** Feigen in Scheiben schneiden. Ricotta mit dem Honig vermengen, abschmecken mit Pfeffer und Salz und auf das geröstete Brot geben. Die Feigen darauf legen.

**Zubereitung Olive – Kapern:** Oliven und Kapern entkernen und klein schneiden. Zwiebeln ebenfalls fein schneiden. Petersilie zupfen und klein schneiden. Alle Zutaten vermengen und abschmecken mit Salz und Pfeffer. Dann portionsweise auf das geröstete Brot geben.

## Schnelle Suppen

**Chili - Mango Suppe**
Links oben

**Erbsen - Koriander Suppe**
Rechts oben

**Mirkos Kartoffelsuppe**
Links unten

**Rote Beete - Kokosmilch Suppe**
Rechts unten

# Mango - Chili Suppe

Für 4 Personen | Zubereitungsdauer: ca. 20 Minuten

**Zutaten:**
1 Zwiebel
1 TL Kreuzkümmel
2 Stangen Zitronengras
1 EL gehackter Ingwer
1 kleine Chilischote
2 Mangos
1 TL brauner Zucker
1 Limette
300 ml Geflügelfond
3 EL Cashewnüsse
1 EL Zucker
1 EL Butter

Pfeffer & Salz

**Zubereitung:** Kreuzkümmel im trocknen Topf anrösten und Butter dazu geben. Zwiebeln, Ingwer, entkernte Chilischote und Zitronengras sehr fein schneiden und anschwitzen. Braunen Zucker dazugeben und karamellisieren. Mango schälen und klein schneiden, dann mit in den Topf geben. Kurz mit anbraten und den Geflügelfond aufgießen. Die Suppe gut durchkochen lassen fein pürieren und durch ein Haarsieb streichen. Danach die Suppe abschmecken mit Limettenschale und Saft sowie Zucker, Salz und Pfeffer.

Die Cashewnüsse grob hacken und trocken anrösten. Beim Servieren der Suppe werden die Nüsse darauf gestreut.

# Erbsen - Koriander Suppe

Für 4 Personen | Zubereitungsdauer: ca. 20 Minuten

**Zutaten Suppe:**
1 Zwiebel
100 ml Sherry
50 ml Wermut
600 g frische oder TK-Erbsen
800 ml Gemüsefond
100 ml Sahne
1 Prise Chili
½ Bund Koriander

**Variante**
**Zutaten Garnelenspieß:**
16 Garnelen
4 Spieße
1 Knoblauchzehe

**Sowie:**
Pfeffer & Salz

**Zubereitung Suppe:** Wermut und Sherry mit der kleingeschnittenen Zwiebel sehr gut kochen lassen. Dann die Erbsen, den Koriander mit dem Gemüsefond hinzugeben und 10 Minuten kochen lassen. Sahne hinzugeben und fein pürieren. Mit einer Prise Chili, Salz und Pfeffer würzen.

**Variante Zubereitung Garnelen:** Die Garnelen auf die Spieße auffädeln, dann in einer heißen Pfanne Öl erhitzen, Knoblauch hinzugeben und die Garnelenspieße kurz anbraten, bis sie die typische Farbe bekommen. Danach würzen mit Pfeffer und Salz.

# Mirkos Kartoffelsuppe

Für 4 Personen | Zubereitungsdauer: ca. 20 Minuten

**Zutaten:**
800 g Kartoffeln
1 große Zwiebel
1 kleine Sellerieknolle
2 Stangen Lauch
2 Karotten
75 g Butter
1000 ml Fleischfond
200 g Schmand
Majoran und Muskat

Pfeffer & Salz

**Einlage:**
50 g Speckwürfel
100 g gebratene Blutwurst

**Zubereitung**: Kartoffeln und Gemüse säubern und in sehr kleine Würfel schneiden. Das Gemüse und die Kartoffeln mit der Butter anbraten. Dann mit dem Fleischfond aufgießen und gar kochen. Kurz vor dem Servieren den Schmand sowie die Gewürze hinzugeben.

Für die Einlage die Speckwürfel und die zuvor in Würfel geschnittene Blutwurst kurz braten und in die Suppe geben.

# Rote Beete - Kokosmilch Suppe

Für 4 Personen | Zubereitungsdauer: ca. 20 Minuten

**Zutaten:**
500 g gekochte Rote Beete
800 ml Gemüsefond
200 ml Kokosmilch
1 TL Kreuzkümmel
1 Knoblauchzehe
1 Zitrone, deren Schale sowie etwas Saft

Pfeffer & Salz

**Zubereitung:** Die gekochte Rote Beete klein schneiden und mit dem Kreuzkümmel, der Knoblauchzehe, der Zitronenschale und etwas Zitronensaft in einen Mixer geben und sehr fein pürieren.

Den Gemüsefond zum Kochen bringen, die Kokosmilch hinzugeben und aufkochen lassen. Rote Beete Mix hinzugeben, mit Salz und Pfeffer würzen und bei kleiner Temperatur wärmen.

**Wichtig:** Die Suppe darf nicht kochen, da die Rote Bete sonst ihre Farbe verliert.

# Schnell mit Blätterteig

## Blätterteig Taschen
Links oben

## Mini Tarte mit Ziegenkäse
Rechts oben

## Blätterteig Schnecken
Links unten

## Blätterteig Pizza
Rechts unten

# Blätterteig Taschen

Für 4 Personen | Zubereitungsdauer: ca. 20 Minuten

**Zutaten Füllung Spinat:**
200 g fein gehackter und ausgedrückter tiefgekühlter Blattspinat
100 g Ricotta
4 EL Pinienkerne
2 EL Rosinen

**Zutaten Rote Beete – Feta Füllung:**
200 g fein gehackte, gekochte Rote Beete
100 g Feta
1 EL Raz el Hanout

**Zutaten Kürbis Füllung:**
200 g fein gehackten Kürbis, gekocht, aus dem Glas
100 g Frischkäse
1 EL Kreuzkümmel

**Zutaten Käse Füllung:**
100 g Frischkäse
100 g Mozzarella
1 fein geschnittene Frühlingszwiebel

**Zutaten Grüne Soße Füllung:**
200 g Frischkäse
1 Bund klein geschnittene grüne Soße

**Zutaten Pesto Füllung:**
200 g Frischkäse oder Ricotta
100 g Pesto

**Zutaten Hackfleisch Füllung:**
200 g gemischtes Hackfleisch
1 fein geschnittene Zwiebel
1 EL gehackter Basilikum
1 EL gehackte getrocknete Tomaten
1 EL Senf


**Zutaten Thunfisch Füllung:**
200 g Thunfisch aus der Dose
100 g Frischkäse
1 EL Paprika Edelsüß
1 kleine fein gehackte Frühlingszwiebel


**Zutaten Lachs Füllung:**
200 g geräucherten klein geschnittenen Lachs
100 g Quark
2 Zweige fein geschnittene glatte Petersilie
1 Ei


**Sowie:**
4 Scheiben Blätterteig je Variante
2 Eier

Pfeffer & Salz


**Zubereitung:** Die Zutaten für jede Füllung sehr gut vermengen. Kräftig würzen mit Pfeffer und Salz.

Die Blätterteig Scheiben halbieren. Die fertige Füllung dann auf eine Hälfte des Blätterteiges geben. Rund herum mit dem verquirlten Ei einpinseln. Dann die zweite Hälfte darauf geben und gut andrücken. Mit einem Messer mehrfach leicht einritzen und mit Ei bepinseln.

Im Backofen auf Backpapier mit Umluft bei 180 Grad 20 bis 25 Minuten backen.

# Mini Tarte mit Ziegenkäse

Für 4 Personen | Zubereitungsdauer: ca. 20 Minuten

**Zutaten:**
1 große Blätterteigplatte
200 g Ziegenkäserolle
2 Tomaten
1 Knoblauchzehe
2 Zweige Thymian

Pfeffer & Salz

**Zubereitung:** Die Blätterteigplatte mit einem Ausstechring (ca. 8 cm) dicht aneinander ausstechen. Dann auf ein Backblech legen, das zuvor mit Backpapier ausgelegt wurde.

Ziegenkäse und Tomaten in möglichst dünne Scheiben schneiden. Knoblauch in feine Würfel schneiden. Thymian zupfen.

Tomaten zuerst auf den Blätterteig legen, danach den Ziegenkäse. Thymian und Knoblauch sowie Pfeffer und Salz darüber geben.

Im Backofen bei 180 Grad Umluft ca. 20 Minuten backen.

**Tipp:** Statt der Tomaten können auch Feigen verwendet werden.

# Blätterteig Schnecken

Für 4 Personen | Zubereitungsdauer: ca. 20 Minuten

**Zutaten Speck Zwiebel Füllung:**
100 g Speck
1 Zwiebel
100 g Quark
1 Zweig Dill

**Zutaten Hackfleisch Kräuter Füllung:**
100 g Rinderhack
2 EL grüne Soße Kräuter
100 g Quark

**Zutaten Spargel Füllung:**
100 g Schmand
100 g Spargel

**Zutaten Lachs Füllung:**
200 g frischen Lachs
1 Zweig Dill
2 EL saure Sahne

**Sowie:**
1 große Blätterteigplatte je Füllung (ca. 20 cm x 30 cm)
Pfeffer & Salz

**Zubereitung:** Alle Zutaten wenn nötig klein schneiden, danach alles gut vermengen und mit Pfeffer & Salz abschmecken. Backofen auf 180 Grad vorheizen. Die Masse auf den Blätterteig aufstreichen und einrollen.

Im Backofen auf Backpapier bei 180 Grad ca. 20 bis 25 Minuten bei Umluft backen.

# Blätterteig Pizza

Für 4 Personen | Zubereitungsdauer: ca. 20 Minuten
Backzeit: 20 – 30 Minuten

**Zutaten Klassisch:**
100 g pürierte Dosentomaten
1 EL getrockneter Oregano
1 großer Büffelmozzarella
100 g Parmesan

**Zutaten Paprika Belag:**
200 g eingelegte Paprika
200 g Zwiebeln
200 g Tomaten
3 EL gehackte Petersilie

**Zutaten Lauch - Gorgonzola Belag:**
100 g Lauch
200 g Gorgonzola
100 g Chorizo
3 EL gehackte Petersilie

**Zutaten Roquefort - Chicorée Belag:**
200 g Roquefort Käse
200 g Chicorée
1 Knoblauchzehe
1 kleine Zwiebel

**Sowie:**
1 große Blätterteigplatte je Füllung (ca. 20 cm x 30 cm)
Pfeffer & Salz

**Zubereitung Klassisch:** Die pürierten Dosentomaten auf den Blätterteig verteilen. Pfeffer und Salz sowie den Oregano darüber streuen. Mozzarella in Scheiben schneiden, dann verteilen. Parmesan darüber streuen.

**Zubereitung Paprika Belag:** Tomaten erst überbrühen, dann häuten, entkernen und in kleine Stücke schneiden. Paprika sehr gut abtropfen lassen und in kleine Stücke schneiden. Die Zwiebeln würfeln. Dann das Gemüse gut vermischen und kräftig würzen.

**Zubereitung Lauch Gorgonzola Belag:** Lauch und Chorizo in Streifen oder Ringe schneiden. Dann den Gorgonzola in kleine Stücke schneiden. Petersilie klein schneiden. Dann alles vermengen und abschmecken mit Pfeffer und Salz.

**Zubereitung Roquefort Chicorée Belag:** Chicorée, Zwiebeln und Knoblauch fein schneiden. Dann den Käse zerbröseln und unterheben. Die Masse würzen mit Pfeffer und Salz.

**So geht's weiter:** Blätterteig auf ein zuvor mit Backpapier ausgelegtes Backblech legen. Dann den Belag darauf gut verteilen. Bei 200 Grad Umluft ca. 20 bis 30 Min backen.

# Dressings für Salat

Im Allgemeinen gehen ja Saucen für Salat sehr schnell. Auf die Kombinationen der Zutaten kommt es an.

**Zubereitung:** Alle Zutaten werden zuvor klein geschnitten oder entkernt bzw. geschält sofern sie dies benötigen und in einen Pürier Becher gegeben, immer zuerst die trockenen Zutaten und danach die flüssigen Zutaten. Wenn Früchte verwendet werden, sollte man danach das Ganze durch ein Sieb streichen, es sei denn man möchte eine stückige Sauce. Die Beeren immer durch ein Sieb streichen. Erst am Ende würzen mit Pfeffer und Salz.

Öle und Essige können natürlich ausgetauscht werden nach Belieben und Geschmack. Variiert werden kann mit der Zugabe von 3 EL Joghurt oder Schmand bei Dressings, bei denen kein Milchprodukt verwendet wird.

Die Rezepte der Dressings sind auf bunte Blattsalate ausgelegt. Natürlich kann auch mit Nudeln, Reis, Hirse, Couscous und Fleisch und Fisch kombiniert werden.

Alle Zutaten sind für 4 Personen ausgelegt. Die Zubereitungszeit liegt bei ca. 5 Minuten pro Sauce. Die Dressings können zu jedem Salat verwendet werden.

**Kräuter Dressing:** 2 EL geschnittene Kräuter nach Wahl | 3 EL heller Essig
6 EL Olivenöl | 50 ml Gemüsefond | 1 EL Senf | 1 kleine Zwiebel
Die Zwiebel nach dem pürieren hinzugeben

**Tomaten - Oliven Dressing:** 30 g getrocknete Tomaten | 10 Oliven
3 EL dunkler Balsamico | 6 EL Olivenöl | 1 TL Kapern

**Speck Dressing:** 50 g geräucherter gebratener Speck | 1 EL Senf
8 EL neutrales Öl | 3 EL heller Essig | 1 Bund Schnittlauch | 1 EL Honig

**Himbeeren Dressing:** 100 g Himbeeren | 100 g Joghurt | 6 EL Öl
3 EL heller Essig | 2 Zweige Estragon

**Rote Beete Fenchel Dressing:** 100 g gekochte Rote Beete | 6 EL Nussöl
50 g frischer Fenchel | 3 EL dunkler Balsamico | 2 Zweige Fenchelkraut

**Orange – Koriander Dressing:** 1 ausgepresste Orange | ½ Bund Koriander
6 EL Olivenöl | 3 EL heller Essig | 1 EL Honig

**Maracuja – Mandel Dressing:** 6 Maracujas | 50 ml Gemüsefond
30 g geröstete, geräucherte Mandeln | 6 EL neutrales Öl
3 EL heller Balsamico

**Buttermilch - Mozzarella Dressing:** 100 ml Buttermilch | 1 Büffelmozzarella
3 Zweige Basilikum | 3 EL heller Balsamico | 6 EL Olivenöl

**Preiselbeere – Meerrettich Dressing:** 6 EL Preiselbeeren aus dem Glas
2 EL Meerrettich aus dem Glas | 100 g Schmand | 4 EL neutrales Öl
2 EL heller Essig

**Mandarine Curry Dressing:** 6 Mandarinen | 1 EL Curry | 100 g Schmand
2 EL heller Essig | 4 EL Olivenöl | 2 Zweige Dill | 2 Frühlingszwiebeln
(in Ringe schneiden, nach dem pürieren hinzu geben)

**Roquefort Dressing:** 100 g Roquefort | 1 EL Cognac | 50 g Joghurt
2 EL heller Essig | 4 EL Olivenöl | 2 Zweige Thymian

**Scharfes Joghurt Dressing:** 100 g Joghurt 10 % | 2 Knoblauchzehen
1 EL scharfen Paprika | 2 EL heller Essig | 1 EL Honig | 4 EL neutrales Öl

**Minze – Koriander Dressing:** 8 EL Sonnenblumenöl | 3 EL heller Essig
2 EL Honig | 3 Zweige Koriander | 3 Zweige marokkanische Minze
2 EL Sonnenblumenkerne

**Schafkäse Dressing:** 100 g Schafkäse | 2 getrocknete Tomaten | 4 EL Öl
2 EL heller Essig | 100 g Schmand | 1 Zweig Rosmarin | 1 Zweig Thymian

**Honig Senf Dill Dressing:** 2 EL groben Senf | 3 EL Honig | 2 EL heller Essig
4 EL Sonnenblumenöl | 1 kleines Bund Dill

**Granatapfel Dressing:** 2 Granatäpfel | 6 EL Olivenöl | 2 EL heller Essig
2 EL Honig

**Zitronen Dressing:** 1 Zitronen, deren Saft und Schale | 100 g saure Sahne
6 EL Olivenöl | 2 EL Honig | 2 Zweige Thymian | 2 Frühlingszwiebeln
(in Ringe schneiden, nach dem pürieren hinzu geben)

**Thunfisch Dressing:** 100 g Thunfisch aus der Dose | 1 EL Kapern | 2 EL Essig
100 g Creme Fraiche | 4 EL Olivenöl | 2 Zweige Oregano oder Basilikum

**Wasabi Dressing:** ½ Tube Wasabi | 2 EL schwarzen Sesam | 100 g Joghurt
2 EL heller Essig | 4 EL Sesamöl

**Mango Dressing:** 1 Mango | 6 EL Thai Chili Sauce | 2 Zweige Koriander
2 EL heller Essig | 4 EL neutrales Öl | 100 g Saure Sahne

**Zitronengras Dressing:** 2 Stangen Zitronengras | 1 Zweig Koriander
2 EL Essig | 4 EL neutrales Öl | 100 g Joghurt

**Thai Dressing:** 100 g Schmand | 1 EL rote Thai Curry Paste | 1 EL Senfsamen
2 EL Reis Essig | 4 EL Sesamöl | 1 EL Honig

**Erdnuss Dressing:** 100 g geröstete Erdnüsse | 100 ml Kokosmilch
4 EL Erdnussöl | 50 ml Gemüsefond | ½ TL grüne Thai Curry Paste
2 EL heller Essig | 1 Zweig Koriander

**Zimt - Sternanis Dressing:** 100 g Saure Sahne | 2 EL heller Essig | 6 EL Öl
½ Stange Zimt | 1 Sternanis | 2 EL schwarzen Sesam | 1 EL Honig

# Schnelle Hühnerbrust für den Salat

Hühnerbrust wird von den Fleischsorten für Salat am meisten verwendet. Es ist an sich einfach zuzubereiten und vielfach variierbar. Leider wird das meiste Hühnchen noch einmal getötet, in dem es todgebraten wird.

**Hier mein Rezept, so dass es immer gelingt:** Backofen auf 180 Grad Umluft vorbereiten. Hühnerbrust säubern. Pfanne auf voller Stufe heiß machen. Ist die Pfanne richtig heiß um ein Drittel zurück drehen, dann ein hoch erhitzbares Öl in die Pfanne geben. Die Hühnerbrust hineinlegen und ca. 40 Sekunden auf jeder Seite braten. Danach die Marinade darauf geben und würzen mit Pfeffer und Salz. Backofen auf 120 Grad herunterdrehen und die Hühnerbrust 15 Min garen.

**Zweite Möglichkeit:** Die Hühnerbrust ist dünne Scheiben schneiden. Kokosmilch oder Gemüsefond aufkochen und die Scheiben hineingeben. Direkt von der Kochstelle nehmen und einen Deckel darauf geben und ca. 10 Minuten durchziehen lassen, danach herausholen und gut abtropfen lassen. Nun kann es mariniert und gewürzt werden.

**Dritte Möglichkeit:** Die Hühnerbrust der Länge nach in dünne Streifen schneiden und auf Spieße auffädeln. Backofen auf 230 Grad Umluft vorheizen. Marinade oder etwas Öl auf die Spieße mit dem Fleisch geben, danach würzen mit Pfeffer und Salz. Im Backofen ca. 6 Minuten garen.

**Marinade mit Kräutern:** 2 EL klein geschnittene Kräuter nach Wahl
8 EL Öl | 1 EL Essig | wahlweise 1 klein geschnittene Knoblauchzehe

**Marinade mit Paprika und Senf:** 2 EL Paprika edelsüß | 8 EL Öl | 1 EL Essig
2 EL Honig | 1 EL Senf

**Marinade mit Koriander:** 2 klein geschnittene Knoblauchzehen
1 TL gemahlener Kümmel | 1 TL frischer Koriander | 1 EL Paprika
5 EL Öl | 2 EL Honig

**Zubereitung:** Für jede Marinade alle Zutaten vermengen. Würzen mit Pfeffer und Salz.

## Schnelle Garnelen für den Salat

Zuerst wird eine Pfanne oder ein Wok richtig heiß gemacht. Dann um ein Drittel die Temperatur reduzieren. Öl hinzugeben. Ist das Öl heiß und dampft ein wenig kommen die Garnelen hinein, schnell schwenken und nach 40 bis 60 Sekunden können die Garnelen schon wieder raus. Der häufigste Fehler der gemacht wird ist, dass die Garnelen zu lange gebraten werden und dann gummiartig werden. Dies gilt übrigens auch für Jakobsmuscheln Nach dem Braten können die Garnelen mariniert und mit Pfeffer und Salz gewürzt werden. Die Marinaden für das Hühnchen können auch bei den Garnelen angewandt werden und umgekehrt.

**Tomaten Marinade:** 4 sehr gut gereifte Tomaten | 1 EL dunkler Balsamico 1 Frühlingszwiebel | | 4 EL ÖL | 2 Zweige Basilikum

**Teriyaki Marinade:** 100 ml Sojasauce | 50 ml Wasser | 6 EL heller Balsamico ½ Knoblauchzehe | ½ TL Ingwer | 1 EL Zucker

**Zubereitung der Marinaden:** Zutaten, die klein geschnitten werden können, werden sehr fein gewürfelt. Dann mit den restlichen Zutaten vermengen und in einem Topf ca. 5 Minuten köcheln und als Marinade für die Garnelen verwenden.

## Schneller Fisch für den Salat

Fisch ist ebenso leicht zuzubereiten. Wichtig ist das kurz gegart wird. Oft wird der Fisch zu lange gebraten oder gebacken.

Backofen auf 180 Grad Umluft vorheizen. Das Fischfilet mit etwas Öl einpinseln, dann kann man eine Scheibe Zitrone hinzugeben und auch Kräuter nach Wahl. Dann einschlagen in Backpapier oder Pergament.

Bevor das Fischpäckchen in den Backofen kommt, wird die Temperatur auf 120 Grad verringert. Das Fischfilet braucht dann ca. 8 Minuten um zu garen.

# Schnelle Nudeln

## Penne mit Lachs und Wodka
Links oben

## Pasta Boeuf Stroganoff
Rechts oben

## Schwarze Tagliatelle mit Gorgonzola
Links unten

## Safran - Zucchini Spaghetti
Rechts unten

# Penne mit Lachs und Wodka

Für 4 Personen | Zubereitungsdauer: ca. 20 Minuten

**Zutaten:**
400 g Penne
400 g Lachs
200 ml Gemüsefond
200 ml Sahne
50 ml Wodka
1 Zwiebel
50 g geriebenen Parmesan
1 kleines Bund Schnittlauch

Pfeffer & Salz

**Zubereitung:** Die Pasta al Dente kochen und warm stellen. Den Lachs in Stücke schneiden. Zwiebel in feine Würfel schneiden und mit etwas Öl in einem Topf anschwitzen. Wodka hinzugeben und aufkochen lassen.
Dann den Fond und die Sahne hinzugeben und ebenfalls aufkochen lassen. Die Lachsstücke hinzugeben und ca. 5 Minuten gar ziehen lassen.

Die Penne hinzugeben. Schnittlauch klein schneiden und unterheben. Den Parmesan ebenfalls unterheben und abschmecken mit Pfeffer und Salz.

# Pasta Boeuf Stroganoff

Für 4 Personen | Zubereitungsdauer: ca. 20 Minuten

**Zutaten:**
400 g breite Bandnudeln
500 g gewürfeltes Rinderfilet
6 Frühlingszwiebeln
100 g eingelegte Paprika
100 ml Sahne
100 ml Gemüsefond
1 TL geräuchertes Salz
1 TL Paprikapulver, edelsüß
etwas Muskat
etwas Öl zum Braten

Pfeffer & Salz

**Zubereitung:** Die Pasta al Dente kochen und warm stellen. Die Frühlingszwiebeln in Rauten schneiden und mit etwas Öl anbraten. Das Fleisch hinzugeben und bei hoher Hitze mit braten, bis es rund herum geschlossen ist. Sahne und Gemüsefond unter heben und das Fleisch darin garen. Dann die Gewürze hinzugeben. Abschmecken mit Pfeffer und Salz. Zu guter Letzt die Pasta unterheben.

# Schwarze Tagliatelle mit Gorgonzola

Für 4 Personen | Zubereitungsdauer: ca. 20 Minuten

**Zutaten:**
400 g schwarze Tagliatelle
100 ml Weißwein
100 ml Gemüsefond
1 Schalotte
100 ml Sahne
100 g Gorgonzola
5 EL Olivenöl

200 g gekochte Rote Beete
50 g Rucola

Pfeffer & Salz

**Zubereitung:** Die Tagliatelle al Dente abkochen und warm stellen. Die Schalotte schälen und klein schneiden, mit etwas Öl anschwitzen, dann mit dem Weißwein und dem Fond ablöschen. Sehr gut durch kochen, so dass der Alkohol heraus kocht, dann die Sahne und den zuvor klein geschnittenen Gorgonzola hinzugeben. Mit Pfeffer und Salz sowie mit etwas Muskat abschmecken.

**Sowie:** Die Rote Beete in Würfel schneiden und mit etwas Öl kräftig anbraten. Mit Salz und Pfeffer abschmecken

Die Sauce unter die Nudeln heben. Ein Nudelnest in einen tiefen Teller geben, dann die gebratene rote Bete darauf geben und mit etwas gezupftem Rucola dekorieren.

# Safran - Zucchini Spaghetti

Für 4 Personen | Zubereitungsdauer: ca. 20 Minuten

**Zutaten:**
400 g Spaghetti
400 g Zucchini
2 Schalotten
0,2 g Safran
200 ml Gemüsefond
200 ml Sahne
100 ml Weißwein

Pfeffer & Salz

**Zubereitung:** Die Spaghetti al Dente abkochen und warm stellen. Zucchini und Schalotten in sehr feine Streifen schneiden. Safran mit 2 EL Wasser einweichen. Zwiebeln und Zucchini mit etwas Öl in einem Topf anbraten. Dann den Weißwein hinzugeben und aufkochen lassen. Sahne und Fond hinzugeben sowie den eingeweichten Safran und wiederum aufkochen lassen.

Nudeln hinzugeben und abschmecken mit Pfeffer und Salz. Alles sehr gut vermengen.

# Schnell Vegetarisch

## Gebackene Paprika mit Cous Cous
Links oben

## Gefüllte Champignons
Rechts oben

## Kichererbsen Curry
Links unten

## Semmelknödel mit Pilzrahmsauce
Rechts unten

# Gebackene Paprika mit Cous Cous

Für 4 Personen | Zubereitungsdauer: ca. 20 Minuten
Backzeit: 15 Minuten

**Zutaten:**
4 Paprika, je 2 rot und gelb
300 g Cous Cous
300 ml Wasser
1 EL Raz El Hanout
100 g Schafkäse
2 EL Pinienkerne
20 g Basilikum
50 g Oliven
1 Chilischote
6 EL Olivenöl
4 EL heller Essig
1 EL Honig

Salz & Pfeffer

**Zubereitung:** Die Paprika mittig der Länge nach aufschneiden. Dann die weißen Wände heraustrennen. Wasser in einem mittleren Topf kochen, dann Raz el Hanout einstreuen sowie etwas Salz und Pfeffer. Topf vom Herd nehmen und den Cous Cous unter ständigem Rühren einstreuen.

Oliven, Schafkäse, Chilischote und Basilikum klein schneiden. Alle restlichen Zutaten in die leicht abgekühlte Cous Cous Masse geben und gut vermengen. Abschmecken mit Pfeffer und Salz.

Großzügig in die Paprika Hälften geben. Backofen auf 180 Grad vorheizen. Die Paprikaschoten auf Backpapier setzen und im Backofen bei 180 Grad ca. 15 Minuten gratinieren.

# Gefüllte Champignons

Für 4 Personen | Zubereitungsdauer: ca. 10 Minuten
Backzeit: 20 Minuten

**Zutaten:**
500 g große Champignons
3 Frühlingszwiebeln
½ rote Paprika
½ gelbe Paprika
1 kleine Zucchini
100 g Mozzarella
3 Zweige Basilikum
100 g Parmesan

Salz & Pfeffer

**Zubereitung:** Alle Zutaten sehr fein schneiden und alles vermengen, bis auf den Parmesan. Abschmecken mit Pfeffer und Salz. Dann in die zuvor ausgehöhlten Champignons füllen und mit Parmesan bestreuen.
Das Ganze auf ein Backblech legen, das zuvor mit Backpapier ausgelegt wurde. Die Champignons werden 20 Minuten bei 180 Grad gebacken.

# Kichererbsen Curry

Für 4 Personen | Zubereitungsdauer: ca. 20 Minuten

**Zutaten:**
400 g Kichererbsen
aus der Dose
1 Zwiebel
2 Knoblauchzehen
1 Stück Ingwer
1 Chilischote
1 TL Korianderpulver
1 TL Kurkuma
1 TL Kreuzkümmelpulver
1/2 TL Zimt
200 g Joghurt
5 EL Öl

Salz & Pfeffer

**Zubereitung:** Die Kichererbsen abgießen. Zwiebel, Knoblauch, Ingwer und Chilischote mit Kernen klein scheiden. In einer Pfanne nun zunächst die Gewürze mit dem Öl anrösten, danach Zwiebeln, Knoblauch, Ingwer und Chilischote unterheben und kurz mitrösten. Kichererbsen, Joghurt und 100 ml Wasser hinzufügen und ca. 10 Minuten schmoren lassen. Zum Schluss mit etwas Salz abschmecken.

# Semmelknödel mit Pilzrahmsauce

Für 4 Personen | Zubereitungsdauer: ca. 30 Minuten

**Zutaten Semmelknödel:**
5 trockene Brötchen
1 Ei
200 -250 ml Milch
1 EL glatte Petersilie
Muskat

**Zutaten Pilz Rahm:**
200 g Pfifferlinge oder gemischte Pilze
100 ml Gemüsefond
100 ml Sahne
1 Zwiebel

Salz & Pfeffer

**Zubereitung Semmelknödel:** Die Brötchen in Scheiben schneiden, die Milch in einem hohen Becher mit dem Ei und den Gewürzen, bis auf die Petersilie, gut verrühren. Die Brötchenscheiben in eine große Schüssel geben und mit der Milch übergießen und 10 min. quellen lassen.

Zwei Liter Wasser mit 1 TL Salz zum Kochen bringen. Die Petersilie zur Teigmasse geben. Aus der Teigmasse mit feuchten Händen Knödel formen. Die Knödel mit einem Schaumlöffel ins kochende Wasser einlegen und ca. 15 Minuten gar ziehen lassen.

**Zubereitung Sauce:** Die Pilze säubern und klein scheiden, ebenso die Zwiebel. Mit etwas Öl anbraten. Mit Brühe ablöschen, aufkochen, danach die Sahne dazugeben und so lange köcheln, bis es rahmig wird. Mit Pfeffer und Salz abschmecken.

## Schnell Vegetarisch

### Gebackene Paprika mit Cous Cous
Links oben

### Antipasti Pfannkuchen
Rechts oben

### Tortilla de Verduras
Links unten

### Auberginen mit Tomatensalsa
Rechts unten

## Gebackener Limetten-Blumenkohl mit Thai Sauce

Für 4 Personen | Zubereitungsdauer: ca. 30 Minuten

**Zutaten Thai Chili Sauce:**
5 Thai Chilis
3 Knoblauchzehen
30 g Ingwer
50 g Tomatenmark
100 g Zucker
3 EL Weißweinessig
2 EL Stärke
250 ml Mineralwasser

Salz & Pfeffer

**Zutaten Blumenkohl:**
1 Kopf Blumenkohl
5 Eier
200 g Paniermehl
16 Limettenblätter
2 EL Salz
1 Liter neutrales Öl zum Frittieren

**Zubereitung Thai Chili Sauce:** Die Chilis, den Knoblauch und den Ingwer sehr klein schneiden. Den Zucker mit etwas Mineralwasser schmelzen. Dann das Kleingeschnittene hineingeben und ca. 5 Minuten darin garen. Das Ganze aufgießen mit dem restlichen Wasser, dem Tomatenmark sowie dem Essig. Gut durch kochen und mit der Stärke binden sowie mit Salz und Pfeffer abschmecken.

**Zubereitung Blumenkohl:** Den Blumenkohl in Röschen schneiden. Dann mit dem Salz und den Limettenblättern in reichlich Wasser kochen. Sind die Röschen gar abtropfen lassen. Dann in verquirlten Eiern wälzen sowie in Paniermehl. Dann ausbacken in Frittier Öl.

# Antipasti Pfannkuchen

Für 4 Personen | Zubereitungsdauer: ca. 30 Minuten

**Zutaten Teig:**
3 Eier
6 EL Mehl
ca. 50 ml Milch
1 Prise Salz
1 Zweig Thymian

**Zutaten Füllung:**
2 Paprikaschoten, rot
2 Paprikaschoten, gelb
1 Zucchini
3 EL Olivenöl
100 g Feta
1 Bund Basilikum

**sowie:**
Salz & Pfeffer

**Zubereitung Teig:** Thymian vom Stiel befreien, fein hacken und mit den restlichen Zutaten gut vermengen. Etwas Salz und kräftig Pfeffer dazu geben. In einer Pfanne 2 Pfannkuchen ausbacken und warm stellen.

**Zubereitung Füllung:** Gemüse in Würfel schneiden, dann anbraten und etwas auskühlen lassen. Feta und Basilikum zupfen und darunter heben. Abschmecken mit Pfeffer und Salz.

**Anrichten:** Die Füllung auf den Pfannkuchen verteilen und gut einrollen, dann schräg aufschneiden und sofort servieren.

**Variante:** Es kann auch Serrano Schinken oder Roastbeef mit eingewickelt werden. Eine köstliche Variation.

# Tortilla de Verduras

Für 4 Personen | Zubereitungsdauer: ca. 30 Minuten

**Zutaten:**
4 große Kartoffeln
2 Karotten
2 Knoblauchzehen
2 Zwiebeln
100 g Spinat
8 EL gehackte, glatte Petersilie
8 Eier
Olivenöl

Salz & Pfeffer

**Zubereitung:** Die Kartoffeln, die Karotten sowie die Zwiebeln und den Knoblauch schälen. Die Kartoffeln 10 Minuten kochen. Die Karotten und den Knoblauch in feine Scheiben schneiden. Die Zwiebeln in Ringe schneiden. Sollte der Spinat tiefgekühlt sein, sollte er erst auftauen, bevor er verwendet wird. Alle Zutaten mit etwas Olivenöl in einer Pfanne braten, bis das Gemüse noch knackig, aber gar ist, dann herausnehmen und zur Seite stellen.

Die glatte Petersilie mit den Eiern verquirlen. Das Gemüse ebenfalls unter die Eiermischung heben. Das Ganze in eine Auflaufform geben und
bei 180 Grad 20 Minuten backen, bis die Masse fest geworden ist.

Die Tortilla kann warm oder kalt serviert werden.

# Auberginen mit Tomatensalsa

Für 4 Personen | Zubereitungsdauer: ca. 30 Minuten

**Zutaten:**
2 Auberginen
6 Tomaten
½ Bund glatte Petersilie oder Koriander
1 Zwiebel
1 gelbe Paprika
2 EL Olivenöl
1 EL dunkler Balsamico

Salz & Pfeffer

**Zubereitung:** Die Auberginen der Länge nach halbieren und sehr gut aushöhlen. Das Fruchtfleisch der Aubergine und das restliche Gemüse sehr fein schneiden, dann mit dem Öl und dem Balsamico vermengen. In einer Pfanne, oder in einer Stielkasserolle 5 Minuten braten, in die ausgehöhlten Auberginen füllen und bei 180 Grad 15 Minuten backen.

# Schneller Fisch

## Fischfilet im Backpapier mit Honig Schmand Sauce
Links oben

## Fisch Cajun Art
Rechts oben

## Ceviche aus Ecuador
Links unten

## Aal mit Rührei auf geröstetem Pumpernickel
Rechts unten

# Fischfilet im Backpapier mit Schmand - Dill Sauce

Für 4 Personen | Zubereitungsdauer: ca. 20 Minuten

**Zutaten Fisch:**
800 g Fischfilet
4 Zweige Oregano
4 Zweige Thymian
4 Lorbeerblätter
1 Zitrone
Alufolie

**Zutaten Sauce:**
200 g Schmand
1 Bund Dill
2-3 EL süßen französischen Senf (Au Miel)

**Sowie:**
Salz & Pfeffer

**Zubereitung Fischfilet:** Backofen auf 180 Grad Umluft vorheizen. Das Fischfilet auf das Backpapier legen und mit Salz und Pfeffer würzen. Zitrone in Scheiben schneiden und mit den Kräuterzweigen und dem Lorbeerblatt über dem Filet verteilen. Paprika und Tomaten würfeln und ebenfalls darüber geben. Das Backpapier einschlagen und an den Enden verdrehen. Sollte dies nicht zusammen halten mit etwas Küchengarn zusammen binden. Im Backofen bei 180 Grad ca. 15 Minuten garen.

**Zubereitung Honig-Schmand Senf Sauce:** Schmand cremig rühren, den Dill sehr fein hacken und unterheben. Honig hinzufügen und mit Salz und Pfeffer abschmecken.

Hierzu kann Reis oder Backkartoffeln gereicht werden.

# Gegrillter Fisch nach Cajun Art

Für 4 Personen | Zubereitungsdauer: ca. 40 Minuten

**Zutaten Fisch:**
4 Fischfilets
100 g Butter
1 EL Knoblauch, zerdrückt
1 EL Zwiebeln, fein gehackt
2 TL Pfeffer, weiß gemahlen
2 TL Pfeffer, schwarz gemahlen
2 TL Cayenne, gemahlen
2 TL frischen Thymian, fein gehackt
1 TL frischen Oregano, fein gehackt
2 TL Paprika, edelsüß, gemahlen

**Zutaten Gemüse:**
1 Zucchini
1 rote Paprika
3 Zweige Thymian
4 EL Olivenöl

**Sowie:**
Salz & Pfeffer

**Zubereitung Fisch:** Die Gewürze und Kräuter in einen Mörser geben und fein mörsern. Dann mit der Butter gut vermengen und auf den Fisch streichen. Im Backofen bei Grillfunktion ca. drei Minuten grillen.

**Zubereitung Gemüse:** Zucchini in Scheiben, Paprika in Würfel schneiden, dann beides mit Olivenöl braten. Abschmecken mit Thymian, Pfeffer und Salz.

Hierzu passt ein gewürzter Reis.

# Ceviche aus Ecuador

Für 4 Personen | Zubereitungsdauer: ca. 10 Minuten

**Zutaten:**
300 g Fischfilet
2 Avocado
2 Orangen
1 Chilischote
6 EL Olivenöl
2 Limonen
1 TL Sesam Samen

Salz & Pfeffer

**Zubereitung:** Das Fischfilet hauch dünn aufschneiden und wie Carpaccio auf einen Teller legen. Dann mit dem Limonen Saft beträufeln.
Ebenso Pfeffer und Salz darauf geben.

Avocado schälen und in Scheiben schneiden. Orangen filetieren.
Dann auf den Fisch dekorativ auflegen.

Zu guter Letzt die Chilischote in feine Ringe schneiden und verteilen.
Den Sesam darüber streuen.

# Aal mit Rührei auf geröstetem Pumpernickel

Für 4 Personen | Zubereitungsdauer: ca. 30 Minuten

**Zutaten:**
1 Aal, frisch geräuchert
8 große Eier
4 Scheiben Pumpernickel
150 g Frischkäse

Salz & Pfeffer
½ Schnittlauch

**Zubereitung:** Backofen auf 60 Grad aufheizen. Den geräucherten Aal säubern, in Portionen aufteilen und auf einen Teller legen. Im Backofen bis zum Servieren warm halten.

Brot in einer Pfanne trocken rösten und komplett auskühlen lassen.

Den Frischkäse auf das Brot geben. Die Eier verquirlen und würzen mit etwas Pfeffer und Salz. In einer Pfanne mit etwas Öl zum Rührei braten.

Zum Anrichten das Rührei auf das Brot geben mit etwas Schnittlauch garnieren. Zu Guter Letzt den Aal darauf legen.

# Schneller Fisch

## Brokkoli - Fisch Auflauf
Links oben

## Fischfilet mit Orangen und Artischocken in Dillbutter
Rechts oben

## Mirkos Fischtopf
Links unten

## Fischfilet mit Mandelhaube
Rechts unten

# Brokkoli - Fisch Auflauf

Für 4 Personen | Zubereitungsdauer: ca. 30 Minuten

**Zutaten:**
400 g Brokkoli
400 g Lachs oder Barschfilet
1 Zwiebel
100 ml Sahne
100 ml Gemüsefond
100 g Mozzarella
100 g Parmesan

Salz & Pfeffer

**Zubereitung:** Brokkoli in kleine Röschen schneiden und 7 – 10 Minuten blanchieren. Fisch in Würfel schneiden. Zwiebel und Mozzarella ebenfalls in Würfel schneiden. Ist der Brokkoli blanchiert, werden alle Zutaten bis auf den Parmesan vermengt. Kräftig würzen und in eine Auflaufform geben. Parmesan darüber streuen und bei 180 Grad im vorgeheizten Umluft Backofen 20 Minuten gratinieren.

# Fischfilet mit Orangen und Artischocken in Dillbutter

Für 4 Personen | Zubereitungsdauer: ca. 30 Minuten

**Zutaten Fisch:**
800 g Barschfilet
2 Orangen, deren Schale und Saft
3 EL Sonnenblumenöl

**Zutaten Artischocken und Tomaten:**
2 Tomaten, entkernt, geschält und in Streifen geschnitten
8 Artischockenherzen, eingelegt und in Scheiben
2 EL Öl

**Zutaten Dillbutter:**
125 g frischer Dill, geschnitten
200 g weiche Butter
½ Zitrone, davon den Saft
2 Teelöffel Dijon Senf

**Sowie:**
Salz, Pfeffer & Muskat

**Zubereitung:** Backofen auf 180 Grad vorheizen. Öl mit der Orangenschale und dem Saft vermengen und abschmecken mit Pfeffer und Salz. Den Fisch in eine Auflaufform geben, dann die Orangenmasse über den Fisch geben. Im Backofen bei 120 Grad 10 Minuten garen.

Artischocken und Tomaten fein schneiden, mit dem Öl anbraten und abschmecken mit Pfeffer und Salz. Für die Butter alle Zutaten in einen Mixer geben und sehr gut pürieren, danach abschmecken mit Pfeffer, Salz und Muskat.

Ist der Fisch aus dem Ofen, kann die Butter über den Fisch und die Beilage gegeben werden. Reis oder klassisch gekochte Kartoffeln passen am besten dazu.

# Mirkos Fischtopf

Für 4 Personen | Zubereitungsdauer: ca. 30 Minuten

**Zutaten:**
200 g Heilbutt
200 g Seesaibling
200 g Kabeljau
3 EL Öl
50 g Karotten, in Scheiben
1 Zwiebeln in Scheiben
100 g Knollensellerie in Scheiben
150 ml Weißwein
1 Liter Fischfond oder Brühe
Salz und Pfeffer
Worcestersauße
2 EL gehackte Petersilie

**Zubereitung:** Öl in einem hohen Topf erhitzen, dann Gemüsescheiben darin anschwitzen und mit Weißwein ablöschen, danach mit Fischfond oder der Brühe auffüllen und um etwas mehr als die Hälfte einkochen.

Dann die Filets in mundgerechte Stücke schneiden. Den Fond aufkochen und die Fischstücke einlegen. Ganz wichtig, nun darf die Suppe nicht mehr kochen. Abschmecken mit Salz, Pfeffer und Worcestersauße.

Der Fisch zieht in der heißen Brühe gar. Wenn das Ganze aufkocht, kann es passieren, dass der Fisch bröselig oder gummiartig wird.

# Fischfilet mit Mandelhaube

Für 4 Personen | Zubereitungsdauer: ca. 30 Minuten

**Zutaten:**
500 g Fischfilet, küchenfertig
2 Zwiebeln
2 Knoblauchzehen
1 Bund glatte Petersilie
4 Lorbeerblätter
1 TL Thymian
1 TL abgeriebene Zitronenschale
2 EL Semmelbrösel
75 g Butter
100 g geschälte Mandeln

Salz & Pfeffer

**Zubereitung:** Mandeln trocken in einer Pfanne rösten. Zwiebeln, Knoblauch und Petersilie fein hacken. Zusammen mit den Semmelbröseln, Thymian und Zitronenschale unter die Mandeln mischen. Eine Auflaufform mit etwas Butter bestreichen. Grob zerkleinerte Lorbeerblätter darin verteilen. Das Fischfilet würzen, in die Form legen und mit der Mandelmasse bestreichen. Die restliche Butter darauf verteilen. Das Ganze ca. 20 Minuten bei 120 Grad im vorgeheizten Backofen garen.

Hierzu passt ein Kokosreis oder gewürzter Reis.

## Schnelles Fleisch

### Koteletts mit pikanter Sauce
Links oben

### Hessischer Hamburger Royal
Rechts oben

### Salbei Hackröllchen mit mediterranem Gemüse
Links unten

### Schweinefilet in Cognac Sauce
Rechts unten

# Koteletts mit pikanter Sauce

Für 4 Personen | Zubereitungsdauer: ca. 20 Minuten

**Zutaten Koteletts:**
4 Schweinekoteletts mit Knochen
6 Thymianzweige
6 Rosmarinzweige
6 Knoblauchzehen

Meersalz & Pfeffer

**Zutaten Sauce:**
3 EL Olivenöl
1 große rote Zwiebel
1 rote Paprikaschote
1 Chilischote
200 g Kräutersaitlinge
1 Dose gewürfelte Tomaten ohne Saft

Salz & Pfeffer

**Zubereitung Sauce:** Zwiebel, Paprikaschote, Chilischote sowie die Pilze in Würfel oder Ringe schneiden. Anbraten in Olivenöl. Tomaten hinzugeben und ca. 10 Minuten köcheln lassen, danach abschmecken mit Pfeffer und Salz.

**Zubereitung Koteletts:** Die Koteletts mit etwas Öl scharf anbraten, zum Braten den Knoblauch und die Kräuter hinzugeben. Mit Salz und Pfeffer würzen. Im Backofen ca. 8 Minuten bei 180 Grad garen.

# Hessischer Hamburger Royal

Für 4 Hamburger | Zubereitungsdauer: ca. 30 Minuten

**Zutaten Fleisch:**
400 g gemischtes Rind und Kalbfleisch
1 Stängel Thymian
2 Basilikumblätter
½ Knoblauchzehe
1 Ei
½ Zwiebel

**Sowie:**
4 Hamburger Brötchen
4 eingelegte Paprikafilets
6 EL Frankfurter Grüne Soße
½ Gurke

Salz & Pfeffer

**Zubereitung Fleisch:** Die beiden Sorten Fleisch mit den Kräutern und der Knoblauchzehe durch einen Fleischwolf treiben. Zwiebel fein schneiden und mit in die Masse hineingeben. Kräftig würzen mit Pfeffer und Salz.
Nun 4 Bratlinge machen. Backblech mit Backpapier auslegen. Die Bratlinge darauf geben und 10 Minuten bei 180 Grad garen. Danach in der Pfanne mit etwas Öl knackig anbraten. Durch das Braten rückwärts bleibt das Fleisch sehr saftig.

**Belegen:** Brötchen aufschneiden, die Gurken zuerst mit einem Sparschäler der Länge nach abziehen und auf das Brötchen legen. Als nächstes das Fleisch Paddy und die Paprikafilets darauf legen, oben auf die Sauce geben und die Oberhälfte vom Brötchen darauflegen.

## Salbei Hackröllchen mit mediterranem Gemüse

Für 4 Personen | Zubereitungsdauer: ca. 20 Minuten

**Zutaten Röllchen:**
600 g Hackfleisch
1 Knoblauchzehe
1 Zwiebel
2 EL glatte Petersilie
50 g Semmelbrösel
28 Salbeiblätter
28 Scheiben Schinken
5 EL Olivenöl
Paprikapulver edelsüß

**Zutaten Gemüse:**
1 Zucchini
1 Aubergine
1 Paprika rot
1 Paprika gelb
1 Zweig Rosmarin
1 Zweig Thymian
1 Knoblauchzehe

**Sowie:**
Salz & Pfeffer

**Zubereitung Röllchen:** Zwiebel und Knoblauch klein scheiden und mit den restlichen Zutaten, bis auf den Salbei und den Schinken, sehr gut vermengen und abschmecken mit Pfeffer und Salz. Nun 28 gleich große Röllchen formen. Dann ein Salbeiblatt darauf legen und mit einer Scheibe Schinken ummanteln. Das Ganze in der Pfanne rundherum kurz anbraten und im Backofen bei 180 Grad ca. 10 Minuten fertig garen.

**Zubereitung Gemüse:** Das Gemüse in Würfel schneiden und mit dem Knoblauch und den Kräutern kräftig anbraten. Mit Salz und Pfeffer würzen.

# Schweinefilet in Cognac Sauce

Für 4 Personen | Zubereitungsdauer: ca. 20 Minuten

**Zutaten Schweinefilet:**
600 g Schweinefilet
4 EL Olivenöl
1 Zweig Rosmarin
1 Zweig Thymian
1 Knoblauchzehe

**Zutaten Sauce:**
1 Knoblauchzehe
1 Zwiebel
3 EL Olivenöl
1 EL Paprikapulver, edelsüß
1 EL Paprikapulver, scharf
2 EL Kräuter der Provence
1 EL Senf
200 ml Sahne
50 ml Cognac

**Sowie:**
Salz & Pfeffer
400 g Spätzle

**Zubereitung:** Das Schweinefilet in ca. 3 cm Scheiben schneiden. Mit dem Öl und den Kräutern sowie dem Knoblauch anbraten. Danach würzen mit Pfeffer und Salz. Im Backofen bei 180 Grad ca. 6 - 8 Minuten garen.

Für die Soße den Knoblauch und die Zwiebel fein schneiden und mit etwas Öl anbraten. Cognac hinzugeben und aufkochen lassen. Die Gewürze, Kräuter, Senf und Sahne hinzugeben und kochen lassen. Abschmecken mit Pfeffer und Salz.

**Sowie:** Spätzle al Dente kochen.

# Schnelles Fleisch

## Frikadelle mit buntem Salat und süßem Dill - Joghurt
Links oben

## Speck - Erbsen Omelett mit Ziegenkäse
Rechts oben

## Schneller Hase auf Pasta
Links unten

## Orientalische Hackfleischbällchen
Rechts unten

# Frikadelle mit buntem Salat und süßem Dill - Joghurt

Für 4 Personen | Zubereitungsdauer: ca. 30 Minuten

**Zutaten Salat:**
300 g bunter Salat
100 g Cherry Tomaten

**Zutaten Dressing:**
150 g fettarmer Joghurt
2 EL Honig
1 Bund Dill
1 Knoblauchzehe

**Zutaten Frikadelle:**
400 g gemischtes Geflügel
50 g getrocknete Tomaten
3 Blätter Basilikum
1 Zweig Thymian

**Sowie:**
Salz & Pfeffer

**Zubereitung Salat:** Salat säubern, die Cherry Tomaten teilen und unter den Salat mischen. Auf einem tiefen Teller anrichten.

**Zubereitung Dressing:** Alle Zutaten in einen Pürierbecher geben und fein pürieren. Abschmecken mit Pfeffer und Salz.

**Zubereitung Frikadelle:** Das Fleisch durch einen Fleischwolf treiben. Die getrockneten Tomaten sehr fein schneiden, ebenfalls das Basilikum und den Thymian. Abschmecken mit Pfeffer und Salz. Erst Klöße formen, dann leicht platt drücken und rückwärts braten, das bedeutet im Backofen bei 180 Grad ca. 10 Minuten garen, danach in der Pfanne mit etwas Öl anbraten.

# Speck - Erbsen Omelett mit Ziegenkäse

Für 4 Omeletts | Zubereitungsdauer: ca. 30 Minuten

**Zutaten:**
2 EL Butter
8 Streifen Räucherspeck
200 g Erbsen
4 Stängel Basilikum
8 Eier
150 g Ziegenkäserolle
4 EL Parmesan

Salz & Pfeffer

**Zubereitung je Omelett:** Zutaten zu 4 gleichen Teilen aufteilen, dann Butter in einer Pfanne schmelzen. Speck in Würfel schneiden und anbraten. Erbsen hinzugeben sowie die zuvor gezupften Basilikumblätter. Eier verquirlen, mit Pfeffer und Salz würzen und in die Pfanne gießen. Von beiden Seiten braten.

Ziegenkäse in Scheiben schneiden und kurz mit in die Pfanne legen. Einmal wenden und etwas Parmesan darüber streuen. Dann auf einen Teller oder ein Brett legen.

# Schneller Hase auf Pasta

Für 4 Personen | Zubereitungsdauer: ca. 30 Minuten
Schmorzeit: 30 Minuten

**Zutaten Hase:**
2 Hasenkeulen
50 ml Wasser
1 EL Salz

**Zutaten Nudeln:**
400 g Papardelle
200 g Kräutersaitlinge
1 Zwiebel
½ Bund Schnittlauch
100 g Semmelbrösel
50 g Butter

**Sowie:**
Salz & Pfeffer

**Zubereitung Hase:** Die Hasenkeulen in eine Auflaufform legen und kräftig würzen mit Pfeffer und Salz. Bei 180 Grad im Backofen ca. 30 Minuten schmoren. Danach Wasser und Salz aufkochen und auf die Keulen pinseln. Bei 250 Grad ca. 3 Minuten grillen. Den Sud auffangen für die Nudeln.

**Zubereitung Nudeln:** Nudeln al Dente kochen und zur Seite stellen. Pilze, Zwiebeln und Schnittlauch klein schneiden. Dann alles gut mit der Butter anbraten. Danach die Semmelbrösel dazugeben und kurz mitbraten. Nudeln sowie den aufgefangenen Sud unterheben. Abschmecken mit Salz und Pfeffer.

# Orientalische Hackfleischbällchen

Für 4 Personen | Zubereitungsdauer: ca. 30 Minuten

**Zutaten Bällchen:**
60 g Mandeln
1 Bund Koriander
1 Bund Minze
400 g Lammhackfleisch
1 TL Zimt
2 TL Kreuzkümmel
1 TL Raz el Hanout
1 TL Paprikapulver edelsüß

**Zutaten Sauce:**
800 g passierte Tomaten
2 Zwiebeln
100 ml Gemüsefond
1 Knoblauch
0,1 g Safran
½ TL Raz el Hanout

**Sowie:**
Salz und Pfeffer

**Zubereitung Bällchen:** Mandeln fein hacken. Koriander und Minze fein schneiden und mit den restlichen Zutaten sehr gut vermengen sowie abschmecken mit Pfeffer und Salz. Dann rückwärts braten, das bedeutet: Bällchen formen und auf ein mit zuvor ausgelegtes Blech mit Backpapier legen. Dann bei 180 Grad ca. 10 Minuten garen, abtupfen und mit etwas Öl in der Pfanne nachbraten.

**Zubereitung Sauce:** Zwiebeln und Knoblauch klein schneiden, anbraten und mit den passierten Tomaten und dem Gemüsefond kochen lassen. Gewürze hinzugeben und weiter kochen lassen, bis die Sauce schön dicklich ist. Abschmecken mit Salz und Pfeffer.

# Schnell Süß

## Kreolischer Schokoladen - Bananen - Kokoskuchen
Links oben

## Toskanischer Kirsch - Käsekuchen
Rechts oben

## Himbeertraum im Glas
Links unten

## Mohn - Amaretto Kuchen
Rechts unten

# Kreolischer Schokoladen – Bananen - Kokoskuchen

Für 4 Personen | Zubereitungsdauer: 20 Minuten
Backzeit: ca. 15 Minuten

**Zutaten:**
200 g Schokolade. (55 %)
200 g Butter
2 Bananen
50 g Kokosflocken
6 Eier
275 g Zucker
110 g Mehl

**Zubereitung Schokokuchen:** Schokolade schmelzen und die Butter hinzugeben. Eier mit dem Zucker cremig schlagen, dann das Mehl und die Butter Schokoladenmischung hinzugeben sowie die zuvor mit einer Gabel zerdrückte Banane und die Kokosflocken.

Alles sehr gut vermengen. In Gläser oder Förmchen füllen und bei 180 Grad ca. 15 Minuten backen, bis der Kuchen eine schöne Kruste hat. Herausnehmen und leicht abkühlen lassen.

# Toskanischer Kirsch - Käsekuchen

Für 4 Personen | Zubereitungsdauer: ca. 15 Minuten
Backzeit: ca. 30 Minuten

**Zutaten Mürbeteig:**
250 g Mehl,
1 Prise Salz
150 g Butter
100 g Zucker
1 Eigelb
2 EL Kakaopulver
Butter für die Form

**Zutaten Füllung**
2 Eier
50 g Zucker
250 g Mascarpone
1 Vanilleschote, deren Mark
3 EL Kirschwasser
1/2 Zitrone, deren Schale
1 Prise Salz
1 EL Mehl
500 g Sauerkirschen aus dem Glas

**Zubereitung:** Alle Zutaten für den Teig gut vermischen. Nach 30 Minuten Ruhezeit wird der Teig in die Kuchenform gebröselt und leicht angedrückt. Boden 15 Minuten vorbacken.

Für die Füllung die Eier mit dem Zucker dick und cremig schlagen, den Mascarpone aufschlagen und untermischen. Das Kirschwasser, das Mark der Vanille, die Zitronenschale und das Salz hinzugeben. Zum Schluss das Mehl unter die Masse heben.
Die Masse auf den Teigboden gleichmäßig verteilen, dann die zuvor abgetropften Kirschen darauf geben. Bei 180 Grad etwa 30 Minuten backen, bis die Käsemasse gestockt ist.

# Himbeertraum im Glas

Für 4 Personen | Zubereitungsdauer: ca. 10 Minuten

**Zutaten:**
400 g Himbeeren
1 dunkler Tortenboden
50 ml Himbeergeist oder Cognac
300 g Quark
100 g geschlagene Sahne
2 - 4 EL Zucker

2 EL Kakaopulver

**Zubereitung:** Die Himbeeren am besten durchfrieren lassen.
Den Tortenboden fein zerbröseln und in 4 gleiche Gläser füllen und etwas andrücken. Den Himbeergeist oder Cognac darüber geben.
Die Himbeeren hinzugeben. Quark, geschlagene Sahne und Zucker vermengen und auf die Himbeeren geben. Zu guter Letzt mit Kakao ab pudern.

# Mohn – Amaretto Kuchen

Für 4 Personen | Zubereitungsdauer: ca. 10 Minuten
Backzeit: 60 Minuten | Ruhezeit: 10 Minuten

**Zutaten:**
6 Eier
100 g weiche Butter
80 g Puderzucker fürs Eigelb
2 EL Puderzucker fürs Eiweiß
½ Zitrone, deren Saft und Abrieb
160 g gemahlener, trockener Mohn
80 g gemahlene Mandeln

50 ml Amaretto

**Zubereitung:** Die Eier sauber trennen. Die Eigelbe mit der Butter schaumig schlagen, bis diese weißlich erscheinen. Den Puderzucker, den Saft und die Schale der Zitrone unterheben sowie den Mohn und die Mandeln. Das Eiweiß steif schlagen, dann vorsichtig den Puderzucker einrieseln lassen. Diese Eiweißmasse vorsichtig unter die Eigelbmasse heben.

Das Ganze kommt in eine Kastenform, die zuvor mit Backpapier ausgelegt wurde. Im vorgeheizten Umluft Backofen bei 180 Grad 60 Minuten backen. Danach 10 Minuten ruhen lassen.

Nach dem Ruhen aus der Form stürzen und mit dem Amaretto einpinseln bis dieser aufgebraucht ist.

# Schnell Süß

## Blätterteig Tarte
Links

## Blätterteig Schnecke
Rechts oben

## Süße Blätterteig Tasche
Rechts unten

# Blätterteig Tarte

Für 4 Personen | Zubereitungsdauer: ca. 10 Minuten
Backzeit: 20 Minuten

**Zutaten:**
4 Scheiben Blätterteig

200 g Stein- oder Kernobst
4 EL Butter
2 EL Zucker
½ Vanilleschote

**Zubereitung:** Blätterteig halbieren und auf ein mit zuvor ausgelegtes Blech mit Backpapier legen. Genügend Abstand halten, damit die einzelnen Schnitten nicht zusammen backen.

Das Steinobst wird klein geschnitten, sofern dies möglich ist. Das Kernobst in Scheiben oder Spalten schneiden. Die Butter wird in einem Töpfchen geschmolzen. Zucker und Vanille darin auflösen. Zu Guter Letzt kommt die Frucht hinzu und wird 5 Minuten mit gegart. Dann mit 1 cm Abstand zum Rand auf den Blätterteig gegeben.

Backblech mit Backpapier auslegen. Im Backofen bei 180 Grad Umluft 20 Minuten backen.

# Blätterteig Schnecke

Für 4 Personen | Zubereitungsdauer: ca. 15 Minuten
Backzeit: 30 Minuten

**Zutaten:**
1 große Blätterteigplatte

80 g Kuvertüre
1 Prise Chili
1 Vanilleschote
2 Eier
50 g Semmelbrösel
50 g gemahlene Haselnüsse
50 g Zucker
50 ml Milch
50 g Butter

**Sowie:**
100 g Puderzucker

**Zubereitung:** Für die Füllung das Vanillemark, Butter, Zucker und Eigelbe schaumig schlagen. Schokolade im Wasserbad schmelzen. Mit der Eigelb-Buttermischung vermengen. Die Nüsse, Semmelbrösel und Milch sowie die Prise Chili hinzugeben und glatt rühren. Eiweiß steifschlagen und unter die Masse heben.

Die fertige Masse auf die Blätterteigplatte bis zu den Rändern streichen, dann einrollen und in 1,5 cm Scheiben schneiden. Die Scheiben auf ein Backblech geben, dass zuvor ausgelegt wurde mit Backpapier. Im vorgeheizten Backofen bei 180 Grad 25 bis 30 Minuten backen. Mit Puderzucker abpudern.

# Süße Blätterteig Taschen

Für 4 Personen | Zubereitungsdauer: ca. 20 Minuten
Backzeit: 20 – 25 Minuten

**Zutaten Füllung mit frischem Obst:**
200 g Stein oder Kernobst
4 EL Butter
2 EL Zucker
½ Vanilleschote

**Zutaten Füllung mit Marmelade:**
150 g Marmelade nach Wahl

**Sowie:**
4 Scheiben Blätterteig je Variante
1 Ei

**Zubereitung:** Das Stein oder Kernobst wird klein geschnitten und entkernt. Die Butter wird in einem Töpfchen geschmolzen. Zucker und Vanille darin auflösen. Zu Guter Letzt kommt die Frucht hinzu und wird 5 Minuten mit gegart.

Die Blätterteig Scheiben halbieren. Die fertige Füllung oder Marmelade dann auf eine Hälfte des Blätterteiges geben. Rund herum mit dem verquirlten Ei einpinseln. Dann die zweite Hälfte darauf geben und gut andrücken. Mit einem Messer mehrfach leicht einritzen und mit Ei bepinseln.

Backblech mit Backpapier auslegen. Im Backofen auf Backpapier mit Umluft bei 180 Grad 20 bis 25 Minuten backen.

# Impressum:

**Rezepte:**
Mirko Reeh ©

**Portrait Mirko Reeh:**
Stephan Maka | Lifephoto.com

**Titelfoto:**
I Stockfoto.com | Portrait: Stephan Maka | Food: I Stockfoto.com

**Foodbilder:**
Bernhard Kölsch / two4food
Seiten: 8lo, 46ro, 46lu, 58, 64ro, 64ru, 70ro, 70lu, 70ru, 77, 82lo, 82ro, 82ru, 88 lu.

I Stockfoto.com
Seiten: 8ro, 8lu, 14, 20, 26ro, 26lu, 26ru, 30, 40, 46lo, 46ru, 51, 64lo, 64lu, 70lo, 82lu, 88ro, 88ru, 94

Angela Kropp: 26lo

Michael Meisen: 88lo

lo = links oben | ro = rechts oben | lu = links unten | ru = rechts unten

**Gestaltung:**
Mirko Reeh

**Herstellung und Verlag:**
BoD - Books on Demand, Norderstedt
ISBN 978-3-7386-0864-9

**Herausgeber:**
Kochwelt Mirko Reeh GmbH
Wiesenstrasse 33 | 60385 Frankfurt
Telefon: 069 9450710 | E-Mail: info@mirko-reeh.com

## Weitere Bücher von Mirko Reeh:

### Pasta Pasta

Jetzt kommen wahre Wonnen auf die Teller. Mehr als neunzig neue Nudelrezepte mit Glücksfaktor hat Mirko Reeh in seinem neuen Buch „Pasta, Pasta" angerichtet. Alles drin, was das Herz begehrt. Klassiker, abgedrehte Kombinationen und auch „Mirkos Lieblings-Nudel-Rezepte" – so der Untertitel - sind darin zu finden

ISBN: 9783842356726                                         Preis: 24,90 €

### Die Soße macht´s!

Was kann es Schöneres geben, wenn ein Essen mit einer schmackhaften Sauce abgerundet wird. In meinem Buch „ Die Soße macht´s!" möchte ich Sie mit einfachen Schritten an ein eigentlich umfangreiches Thema heranführen. Ich habe 126 Saucen zusammengestellt, von kalten Saucen über warme Saucen bis hin zu süßen Soßen.

Mit vielen Basics und Tipps rund um das Thema Soßen.

ISBN: 9783842362437                                         Preis: 12,00 €

### Handkäse Deluxe

Mit Liebe, Lust und Leidenschaft hat Mirko Reeh 60 Handkäs'-Rezepte zusammen getragen und aufgeschrieben. Von Suppen über Salate, Salsa und Sandwiches, Soufflees und Soßen reicht die Palette. Ob kleiner Gaumenkitzel, herzhaft Hauptsächliches oder süße Überraschung - Handkäs' ist einfach unschlagbar.

ISBN: 9783732298266                                         Preis: 12,00 €

## Impressum:

**Rezepte:**
Mirko Reeh ©

**Portrait Mirko Reeh:**
Stephan Maka | Lifephoto.com

**Titelfoto:**
I Stockfoto.com | Portrait: Stephan Maka | Food: I Stockfoto.com

**Foodbilder:**
Bernhard Kölsch / two4food
Seiten: 8lo, 46ro, 46lu, 58, 64ro, 64ru, 70ro, 70lu, 70ru, 77, 82lo, 82ro, 82ru, 88 lu.

I Stockfoto.com
Seiten: 8ro, 8lu, 14, 20, 26ro, 26lu, 26ru, 30, 40, 46lo, 46ru, 51, 64lo, 64lu, 70lo, 82lu, 88ro, 88ru, 94

Angela Kropp: 26lo

Michael Meisen: 88lo

lo = links oben | ro = rechts oben | lu = links unten | ru = rechts unten

**Gestaltung:**
Mirko Reeh

**Herstellung und Verlag:**
BoD - Books on Demand, Norderstedt
ISBN 978-3-7386-0864-9

**Herausgeber:**
Kochwelt Mirko Reeh GmbH
Wiesenstrasse 33 | 60385 Frankfurt
Telefon: 069 9450710 | E-Mail: info@mirko-reeh.com

## Weitere Bücher von Mirko Reeh:

## Pasta Pasta

Jetzt kommen wahre Wonnen auf die Teller. Mehr als neunzig neue Nudelrezepte mit Glücksfaktor hat Mirko Reeh in seinem neuen Buch „Pasta, Pasta" angerichtet. Alles drin, was das Herz begehrt. Klassiker, abgedrehte Kombinationen und auch „Mirkos Lieblings-Nudel-Rezepte" – so der Untertitel - sind darin zu finden

ISBN: 9783842356726                                          Preis: 24,90 €

## Die Soße macht´s!

Was kann es Schöneres geben, wenn ein Essen mit einer schmackhaften Sauce abgerundet wird. In meinem Buch „ Die Soße macht´s!" möchte ich Sie mit einfachen Schritten an ein eigentlich umfangreiches Thema heranführen. Ich habe 126 Saucen zusammengestellt, von kalten Saucen über warme Saucen bis hin zu süßen Soßen.

Mit vielen Basics und Tipps rund um das Thema Soßen.

ISBN: 9783842362437                                          Preis: 12,00 €

## Handkäse Deluxe

Mit Liebe, Lust und Leidenschaft hat Mirko Reeh 60 Handkäs'-Rezepte zusammen getragen und aufgeschrieben. Von Suppen über Salate, Salsa und Sandwiches, Soufflees und Soßen reicht die Palette. Ob kleiner Gaumenkitzel, herzhaft Hauptsächliches oder süße Überraschung - Handkäs' ist einfach unschlagbar.

ISBN: 9783732298266                                          Preis: 12,00 €